शायराश

शायरी नही एक एहसास

आशुतोष कुमार मोदी

क्रम-सूची

क्रम-सूची

क्रम-सूची

जिंदगी में तो गम रहेंगे ही फिर भी मुस्कुराइए,
आप कर सकते है ये केह के नही कर के दिखाइए।
कोशिश कीजिए अपने शब्द किसी को घाव ना दे,
छोटी सी तो जिंदगी है हंसते खेलते गुजारिए।

आभार

उन सभी का शुक्रिया जिन्होंने मेरी इस किताब को आप सबके सामने पेश करने में मदद की जैसा की मैं चाहता था। जब आपके चुनिंदे ही करीबी दोस्त हो तो आपको उनका नाम लेने की जरूरत नहीं पड़ती। बिना नाम लिए ही उन्हें मालूम है की उनकी मेरे जिंदगी में क्या अहमियत है। मेरे साथ होने का शुक्रिया। कई बार सिर्फ इतना ही बहुत होता है।

और आखिर में मेरी दीदी, भैया, जीजू, मां, पिताजी, आनंद एवम पूरे परिवार को बहुत सारा प्यार और उनका आभार की वो मेरे साथ है।

लेखक के बारे में

आशुतोष कुमार मोदी

"आशुतोष कुमार मोदी" जिन्हे आप शायराश या "SHAYARAASH" भी कह सकते है। शायरी, गजल और कविताएं लिखते है। ये गिरिडीह जिले के छोटे से गांव बिजलीबाथन के रहने वाले है। इन्हे शब्दों से खेलना बहुत पसंद है। लिखने के अलावे इन्हे पेंटिंग करना, गाने सुनना और गेम्स खेलना बहुत पसंद है। नए लोगों से मिलना नए जगह को एक्सप्लोर करना और प्रकृति के गोद में रहना अच्छा

लगता है। आप इनसे इंस्टाग्राम में "https://instagram.com/ shayaraash?utm_medium=copy_link" और फेसबुक में "https://www.facebook.com/aashutosh.kumarmodi.9" से जुड़ सकते है या ईमेल "imashutosh 3292@gmail.com" पर कर सकते है।

1. पिता

पिता के सच्चे स्वरूप को दर्शाती कुछ लाइनें......

मां की ममता सब देखे है,
प्रेम पिता का है छुप जाता।
शब्दों का ही खेल है सारा,
सबकुछ सहकर भी नही जताता।
लाख तनाव हो जीवन में पर,
हाव-भाव से नही दिखाता।
हरपल सोचे भविष्य को तेरे,
अपने पर है दाव लगता।
सही राह दिखाने को कभी,
अड़ियल रूप है तुम्हे दिखाता।
पर एकांत के गलियारे में,
ऐसा करते ही पछताता।
मां की ममता सब देखे है,
प्रेम पिता का है छुप जाता।

2. मां

माँ के आंचल में चैन बस्ती है,
दूर रहूं तो आंखे सुकून को तरसती है,
फिर तरस तरस कर बरसती है।
मां के बिना दुनिया वीरान लगती है,
जब मेरी मां मेरे साथ होती है,
सारी मुश्किलें आसान लगती है।
कोई मेरा कुछ बिगड़ नही सकता,
मैं जब घर से निकलता हूं,
मां की दुआ मेरे साथ चलती है।
यूं तो बाजार में प्यार,
मोहब्बत, दोस्त सब बिकते है।
जिसे दौलत से खरीद नही सकते,
ऐसी हसती तो सिर्फ मां होती है।

3. बहन

खुदा से बिन मांगे मिली जो,
वो ऐसी मन्नत है।
मेरी बहन की हर खुशी,
मेरे लिए जन्नत है।
कोशिश होगी खुदा की,
मेरे लिए अक्श बनाने की।
मशवरा के लिए पूरे,
कायनात को बुलाया होगा।
सौ परियों की शक्ति एक में समेटकर,
फिर उसने मेरी बहन को बनाया होगा।
मुस्कुराहट उसकी डाली कुसुम की,
वो बहन मेरी अल्हड़ सी मासूम सी।

4. मतलबी दुनिया

बढ़ रहे है देखो आपस में इतने बैर यहां,
जी रहे है लोग अपनों के बगैर यहां।
सारे लगे हुए है एक दूजे को ठगने में,
किसको अपना कहे और किसको गैर यहां।
अपने-अपने धुन में डूबा हुआ है हर कोई,
सुने न कोई किसीको एक पल ठहर यहां।
छोड़ के इंसानियत को भटक गए है लोग,
फुरसत किसको पूछे किसीका खैर यहां।
ऐसे ही चल रही जिंदगी इस संसार में,
डूब रहा है कोई तो कोई रहा है तैर यहां।

5. मीत होनी चाहिए

पोंछ ले आंसू अगर आ जाए तो,
इस तरह की रीत होनी चाहिए।
गुनगुनाने भर से सभी हो जाए खुश,
एक ऐसी गीत होनी चाहिए।
यूं बजे जैसे किसी ने ताल दी,
दर्द में ऐसी संगीत संगीत होनी चाहिए।
दिल में जिसके हो प्रीत,
एक ऐसी मीत होनी चाहिए।

6. प्यारी जान

ख्वाबों की एक बस्ती थी,
वहां एक प्यारी जान रहती थी।
हकीकत से वो भागना चाहती,
दुनिया खराब है कहती थी।
सबके सामने हस्ती-खेलती,
छुप छुपकर रोया करती थी।
गुलशन में गुल खिलते थे,
रंग-बिरंगे लगते थे।
सदैव उदास वो रहती थी,
जाने क्या सोचती थी।
रोज टूटते तारे का इंतजार करती,
आंख बंदकर मन्नते मांगती थी।
किसी का दिल कभी न टूटे,
यही वो दुआओं में मांगती थी।
टूट-टूटकर बिखरकर जीना,
कैसा लगता है वो जानती थी।

7. प्यार ना करना

नैन लड़ाना, दिल लगाना, रात भर बातें करना,
ये आदतें है खराब सारे।
जन्मों के वादें, वर्षों के योजनाएं,
पलों में टूट जायेंगे ख्वाब सारे।
अश्कों से जो तूने भिगोए है,
रात भर तकिए आशिकी में।
दिल तोड़कर चला जायेगा वो,
तो किससे मांगोगे जवाब सारे।

8. शक

दिल टूटता नही मर जाता है,
इश्क का भूत जहन से उतर जाता है।
जब गैरों की बातो पे भरोसा,
और मुझे शक होता है।
उसके बगैर जीना नहीं चाहते थे,
पर अब साथ जीना मुश्किल है।
यारों जहर होता तो पी भी लेते हम,
पर मोहब्बत का जाम पीना मुश्किल है।

9. यादें

लोग पूछते है अकेले में इतना मुस्कुराते क्यूं हो,
अब अपनी पेशानी पे लिख दूं तेरा दीवाना क्या।
समंदर की लहरे एक जगह नही टिकती,
फिर किनारों से दिल लगाना क्या।
तेरे बिन जो वक्त गुजार सका गुजार ली मैने,
इश्क है तो हकीकत में भी आओ मिलने,
बस तेरी यादों के सहारे दिल बहलाना क्या।

10. जहर-ए-मोहब्बत

जी करता है तेरा काजल बन जाऊं,
रोज इसी बहाने तेरे साथ मैं पाऊं खुदको।
जी करता है तेरा आइना बन जाऊं,
रोज मेरे सामने तू सवारे खुदको।
जी करता है तेरा तकिया बन जाऊं,
तू जब रोए आंसुओ से भिगोए मुझको।
जी करता है तेरा बिस्तर बन जाऊं,
सोने के बाद होले से गले लगाऊं तुझको।

11. नया इश्क

तुम्हे दर्द नही होता,
बड़े बेजान से लगते हो।
तुमने सायद किसी से इश्क किया है,
इसलिए थोड़े परेशान से लगते हो।
जब से इश्क हुआ है बदल गए हो तुम,
इसलिए थोड़े अनजान से लगते है।
बड़े नादान हो तुम इश्क कर बैठे,
और अंजाम नही जानते,
इसलिए थोड़े हैरान से लगते हो।

12. बाकी है

ए वक्त जरा ठहर जा,
अभी एक आश बाकी है।
रूठे हुए को मना लेंगे हम,
बस एक मुलाकात बाकी है।
कुछ पल की है जुदाई,
बितानी एक शाम बाकी है।
शोर तेज है आज धड़कनों का,
वो करीब है ये ख्याल बाकी है।

13. पराए-अपने

निकला था घर से खुद को तलाशने,
थोड़ी दूर आकर पता चला की,
कमज़ोर मेरे तजुर्बे निकले।
जब जब मांगा मैंने मदद अपनों से,
सबके इनकार करने के नए नए बहाने निकले।
सुंदर चेहरे, मीठे जुबानों से धोखा खा गया था,
इनके शक्लों से मजदूर के हाथ प्यारे निकले।
चेहरा पढ़कर फितरत बताना पेशा था हमारा,
अपनों को भी ना पहचान सका जब,
हर सख्स के चेहरे हजारों निकले।

14. मैं सहारा खुदका

काश की कतार बिछाता चला गया,
हर फिक्र को धुएं में उड़ाता चला गया।
तकलीफ देती थी उन्हें खुशियां मेरी,
मैं मुस्कुरा कर नमक लगता चला गया।
जब निकला ढूंढने ऐब लोगों में,
खुदको गुनहगार पता चला गया।
हर मुमकिन कोशिश थी मुझे गिराने की,
मैं खुदका बैसाखी बन उठाता चला गया।

15. गिद्धों का ज़माना

दर-दर मैं यूं फिरता हूं,
गिरके फिर संभालता हूं।
किसके उठाने का अब क्यों मैं आस करूं,
समझ नही आता किसपर विश्वास करूं।
चारों और घना अंधेरा है,
जैसे मानो सिर्फ गिद्धों का बसेरा है।
नोच रहे है एक दूसरे को,
घोट रहे है गला एक दूसरे का।
खुली आंखों से देखकर भला कैसे मैं हर्षोल्लास करूं,
समझ नही आता किसपर मैं विश्वास करूं।

16. चल रहा है

है झूठा इश्क, वादें भी झूठे,
की रिश्ता को निभाना चल रहा है।
वफा की बात तो अब मत ही करना,
नया कोई बहाना चल रहा है।
गमों के दौर में अब क्या कहें हम,
लबों का मुस्कुराना चल रहा है।
किसीको भी किसीसे क्या मतलब,
यूं ही आजमाना चल रहा है।

17. देखा है

जिंदगी के शाम के सूरज हजार देखे है,
इस पथिक ने भी राह में बहुत इंतजार देखे है।
मंजिलों के दौड़ में जो अंत तक साथ दे,
काफिलों के भीड़ में बस तीन चार देखे है।
हो गई है जंग सी इस जिंदगी के साथ,
हमने भी गुजरे वक्त में दुश्मन हजार देखे है।
गुमान ना कर तू अपनी इस उड़ान पर,
इस परिंदे ने भी कई आसमान देखे है।

18. खुदसे बातें

कब तक अपने आप से यूं जुदा करूं खुदको,
सोचता हूं की कभी-कभी कुछ देर मिला करूं खुदको।
सारी जिंदगी तो मुझे मोहब्बत निभानी है खुदसे,
सोचता हूं की कुछ वक्त दिया करूं खुदको।
अक्सर तो खामोश रहने को कहता हूं खुदसे,
आखिर कब तक अनसुना करूं खुदको।

अध्याय19

तेरा बस एक ख्याल ही तो है मेरे पास,
वरना कौन कमबख्त सुनी राहों में भी मुस्कुराता है।

दिल पे क्या गुजरी वो अनजान क्या जाने,
प्यार किसे कहते है वो नादान क्या जाने।
उसने तो छोड़ दिया बीच सफर में साथ मेरा,
मरने से पहले कितनी दफा में मैं ये वो बेईमान क्या जाने।

बहुत देखे होंगे आंसू खुशी के तुमने,
कभी मिलो हम तुम्हे गम की हंसी दिखाएंगे।

ना इश्क मुकम्मल हुआ ना ही सपने,
ना मैं खुदको समझ पाया ना ही मुझे अपने।

अध्याय20

उम्र भर बस यही भूल करता रहा,
धूल थी चेहरे पर और साफ आइना करता रहा।

❧❧❧

किस किस पर भरोसा करे,
जब हर चीज यहां पर बिकती है।
कौन यहां पर किसका आशुतोष,
हर हाथ में छुरी दिखती है।

❧❧❧

अच्छा लगता है तेरा नाम मेरे नाम के साथ,
जैसे कोई सुबह जुड़ी हो हंसी शाम के साथ।

अध्याय21

इन निगाहों से दरिया-ए-इश्क बहाना है,
तुम आओ की तुम्हे फिर से बुलाना है।
हकीकत ना सही ख्वाबों में ही,
जगह कोई भी हो हाल-ए-दिल तो बताना है।
है वीरानियां यहां नही है कोई दूर तलक,
यादें ही सही इस दिल को तो बहलाना है।

अध्याय22

काश तुझसे मिला ना होता,
फिजूल का ये फिक्र ना होता।
परवाह ना करता तेरी कभी,
अगर ये कमबख्त इश्क ना होता।

दिल मेरा लगता है मुझे गैरों सा,
इश्क नहीं मेरा औरों सा।
अकेला हूं तन्हा सा,
फिर भी लगता हूं सबको तेरा सा।

अध्याय23

परवाह किसको है आज यहां,
सच और झूठ की कसौटी पर उतरने की।
अब वो ज़माना है जो,
अल्फाजों से इंसानियत बांट देता है।

❦❦❦

इस दिल को रजा थी की मोहब्बत करके देख ले,
मोहब्बत करके खुदको अजमाने का शौक था।
और कुछ ना मिला उन्हें तो वो बेवफाई कर गए,
पर हमे क्या हमे तो खुद मर जाने का शौक था।

अध्याय24

मैं सफर में था मगर तन्हा रहा,
साथ फिर भी यादों का साया रहा।
तिश्नगी होठों की कुछ ऐसी बढ़ी,
बादलों के शहर में भी प्यासा रहा।
दर्द की इंतहा इतनी हुई,
आंसू बनके ये आंखो से बहता रहा।

❧❧❧

मुझसे मत पूछो की वो मेरा क्या कुछ है,
मैं उसका कुछ नही वो मेरा सबकुछ है।
जिंदा तो हुं उसके बिना भी सायद,
पर जिंदगी में बगैर उसके कहां कुछ है।

अध्याय25

जिनके लिए खुदको मिटाने चले थे,
संग उनके कितने फसाने चले थे।
वो रहे अपने आवारगी में खोए,
जिन्हे दिल में बसाने चले थे।

क्या ढूंढते हो बाजारों में,
यहां दिल बिकते है दिनारों में।
खुद रहते है लोग नकाब के पीछे,
ढूंढते है खामियां औरों के किरदारों में।

अध्याय26

प्रेमी-प्रेमिका अलग जाति होने के कारण घरवाले प्यार को मंजूर नहीं
करते तो इनके दिल की बात को बयां करने की छोटी सी कोशिश।

किसी रोज कभी तो साथ होंगे हम,
मरने के बाद तो एक जात होंगे हम।
अभी उनके नजरों में बुरे भले है मगर,
मरकर तो उनके दीवारों में सजाए होंगे हम।
अलग जाति ऊंच नीच सब यहां के चोंचले है,
ऊपर जाने के बाद तो आजाद होंगे हम।

27. बस करो आशु।।

खुद रूठकर औरों को मनाना छोड़ दो,
यूं अपना दिल बार बार दुखाना छोड़ दो।
तुम तो गैर हो उनके लिए अब क्या,
यूं बार बार खुदको आजमाना छोड़ दो,
थक चुके हो तुम इन आजमाइशों से,
चलो ऐसा करो ये ज़माना छोड़ दो।

28. तड़प दूरी की

नींद तो आती है पर सो नही पाता,
याद तो आती है पर रो नही पाता।
ये कैसा असर हो गया है उसका मुझपे,
अब नही बाकी कुछ भी मेरा मुझमें।
कैसा मेरा हाल है केसे में बताऊं उसको,
अपने दिल की बात कैसे में समझाऊं उसको।

अध्याय29

मन में बहते रहे दर्द के दरिए,
इन आंखो से फिर ना कभी बरसात हुई।
बहुत सोचा की आंखे जज्बात कहें,
ये झुकी फिर ना कभी बात हुई।
ये तो ना कोई बात हुई,
दो पल भी ना तुमसे मुलाकात हुई।

बड़े मशरूफ है सायद,
या है मगरूर सायद।
जमीन पे टिकते नही पांव,
नशे में चूर है सायद।

30. आइना (मेरे नजर से)

जब मैंने थका हारा देखा आईने के तरफ,
अब जा कर जाना की ये भी झूठ बोलता है।
मैं तो टूट चुका हूं भीतर से फिर क्यों,
ये मेरा चेहरा मुस्काता हुआ दिखाता है।
बड़ी मशक्कत के बाद मैंने समझाया खुदको,
आइना तो आइना है ये क्या जाने दिल की बात,
ये इंसान का सीरत नही बस सूरत दिखाता है।
ना जाने क्यूं मुझे नफरत है इस आईने से,
सायद इसलिए क्योंकि हंसते हुए चेहरे खूबसूरत,
और रोते हुए को बदसूरत दिखाता है।

31. दूरियां - नजदीकियां

तू दूर है मुझसे पर जज्बातें साथ है,
तेरा मुझपे गुस्सा होना,
फिर प्यार से पीटना और
कंधे पे सर रख कर खुद रोना,
सारी खट्टी मीठी यादें साथ है।
इन यादों के सहारे वक्त गुजार रहा हूं,
तुमसे जल्दी मिलने की आस में,
एक एक पल गुजार रहा हूं।

अध्याय32

तेरे वादों ने मार डाला,
तेरे यादों में जी रहे है।
कभी डूबते है सागर में,
कभी सागर को पी रहे है।
साकी से सियासत कर बैठे,
खुद अपनी मुसीबत बन बैठे।
बूंद का हॉसला नही जिनको,
सागर की वसीयत कर बैठे।

33. वो रास्ते अच्छे नही लगते

यार तेरे वादें मुझे सच्चे नही लगते,
चलते चलते पावों में छाले पड़ गए,
ये काटों भरे रास्ते मुझे अच्छे नही लगते।
हरबार दिल दुखा के कहते हो माफ करदो,
यार तुम तो अब बच्चे नही लगते।

34. नुकसान-ए-इश्क

रहते है अंधेरे में उजाला पसंद नहीं,
दुनिया के तौर तरीके गवारा पसंद नही।
अभी सिर्फ गिरे है टूटे नहीं है,
खुद उठेंगे मुझे सहारा पसंद नही।
मुझसे मैं छीनकर भारी नुकसान किया है,
तुमसे इश्क मुझे दुबारा पसंद नही।

35. तुम जो होते भी तो

यार तुम जो होते भी तो,
मेरे घर की विरानी नही जाती।
यार तुम तो पास आ जाते,
पर तेरी बेईमानी नही जाती।
अब तो मुझे तुम्हारे बिना ही तुम पसंद हो,
मैं कोशिश कर भी लूं बीती यादें भुलाई नही जाती।

36. नींद मे इश्क

मैं नींद में हूं मुझे नींद में ही रहने दो,
अभी साथ हूं उनके कुछ देर और रहने दो।
थोड़ी देर और देख लूं आज उसे,
फकत मेरी आंखों का पेट भर जाने दो।
हकीकत में जो उनसे कह ना सके हम,
मुझे मेरे ख्वाबों में ही जरा कह लेने दो।

37. सिलवट यादों की

तेरे बिताए वो लम्हे याद कर लेता हूं,
खुदसे तेरी तारीफ और बात कर लेता हूं।
तुझे याद करना मेरे लिए हरगिज सही नही,
मैं पत्थर नही मैं मोंब हूं पिघलने लगता हूं,।
जब रह नही पाता तो आंखे बंद कर लेता हूं,
फिर तुझे समझकर तकिए को तुम कर लेता हूं।

38. टॉक्सिक प्यार

रोज शाम उसकी यादें जहन में बरसती रहती है,
उसको सोचूं तो आंखे देखने को तरसती रहती है।
उसने दौलत से सारे आम नापा मेरे औकात को,
बस यही बात मन में खटकती रहती है।
उसने तो छोड़ दिया थाम के हाथ मेरा,
फिर भी धड़कन उसके नाम की धड़कती रहती है।

39. इकलौता इश्क

मैं चुप और तुम भी चुप,
इस खामोशी को मिटाएगा कौन।
मैं रूठा तुम भी रूठी,
फिर हमें मनाएगा कौन।
आज परेशान हूं तो जा रही छोड़कर,
तेरे सिवा मुझे हसाएगा कौन।

40. दूरियां - नजदीकियां

वैसे तो हम गुस्ताख लोग है,
नजरों से चूम लेते है।
पर आज तेरे सर को चूमकर,
कुछ अलग सा एहसास हुआ।
आंखे बंद सी हो गई,
और तू मेरे और पास हुआ।

41. चांद से गुजारिश

सज उठता है ढलते सूरज के साथ,
मेरे यादों का चिराग।
हल्की आहट पे भी चौंक जाती है नज़रे,
शाम ढलने के बाद।
तन्हा तो तू भी है ए चांद,
बिलकुल इस दिल की तरह।
आ जाया कर कभी तन्हाई मिटाने,
शाम ढलने के बाद।

42. भेज दो

है इश्क में सब लाजमी,
तुम सारी बलाए भेज दो।
मैं खताए भेजता हूं,
तुम सजाए भेज दो।
जिंदगी है बिन तेरे अजानों की तरह,
मेरे हक में पढ़ी वो दुआएं भेज दो।

43. मेरी खामियां

खुद के पावों तले जमीन घायल,
दूसरों को मंजिल का पता बताता हूं।
तूफानों से लड़ने का जोश लिए निकला था,
तेज हवा के झोंकों से घबरा जाता हूं।
घर के दर-ओ-दीदार से बेगाना है मेरा वजूद,
वक्त के काले सायों की आहट से डर जाता हूं।

अध्याय44

पूरी रात चांद से लोरी सुनता,
दिन दोपहर मैं सो लेता हूं।
मैं था जब काटों को भी मैं चुभता था,
अब तो फूलों से भी ज़ख्म मैं खा लेता हूं।

मुझे खो देने से कौन डरता है,
मेरा हाल पूछने कौन ठहरता है।
मेरे मरने पे सब रोएंगे,
मेरे रोने पे कौन मरता है।

अध्याय45

ढूंढ रहा हूं खुदमे,
कहीं जो बचा एक टुकड़ा धूप का।
मेरे अंदर का तम,
मुझे खाए जा रहा है।

नयन तेरे वो तीर हुए,
जो भेद हृदय को जाते है।
होठ तेरे वो मधु की शाला,
जो चाछनी से घुल जाते है।

अध्याय46

तुम्हे सोचकर बेवजह ही मुस्कुरा लेता हूं,
जब याद आती है वो नजाकत वो अदाएं तुम्हारी।
कल तक सिर्फ एक अजनबी थे तुम,
आज हर धड़कन पर है हुकूमत तुम्हारी।

❧❧❧

इस कदर इश्क के नशे में चूर हो गए है,
सबकुछ छोड़ बस तेरे ख्यालों में मगरुर हो गए है।
ना दिन पता चलता है जाने कब रात होती है,
हरपल तेरा ख्याल और खुदसे तेरी बात होती है।

अध्याय47

नींद तो आती है पर सो नही पाता,
याद तो आती है पर रो नही पाता।
ये कैसा असर हो गया है उसका मुझपे,
अब नही बाकी कुछ भी मेरा मुझमें।
कैसा मेरा हाल है केसे मैं बताऊं उसको,
अपने दिल की बात कैसे मैं समझाऊं उसको।

अध्याय48

साथ तो रहते नही कम से कम मेरे पास रहो,
मैं जब मर जाऊं उस मंजर तक मेरे खास रहो।

❧❧❧

पास से गुजरती पवन से हाल पूछ लेते है,
आंखों से गिरते अश्कों से जवाल पूछ लेते है।
बहुत मुश्किल होता है जब जवाब देना,
तब खामोश रहकर खुदसे सवाल पूछ लेते है।

अध्याय49

चांद का तकिया बनाकर गगन की गोद में सोना चाहूं,
रात भर तेरी यादें चुनकर फिर उसको पिरोना चाहूं।
तेरी जरूरत है अब तो पास रहो आशु के,
तेरे कंधे पे सर रखकर तुझसे लिपटकर रोना चाहूं।
यूं कुछ देर साथ रहना फिर चले जाना अच्छा नही लगता,
तेरे संग दो पल की जिंदगी नही एक पूरा ज़माना चाहूं।

अध्याय50

यार हम हिमाकत कर बैठे,
साकी से सियासत कर बैठे।
उनके इजाजत के बगैर,
उनसे मोहब्बत कर बैठे।

❧❧❧

शाम को तेरी यादों से बिछड़ कर जब घर जाता हूं,
रात वाला मैं अक्सर सुबह होते ही मर जाता हूं।

❧❧❧

दिल मेरा मेरे काबू में नहीं ये चोरी करता है,
फिर मुझसे सीनाजोरी करता है।
मेरी तो अब कुछ सुनता भी नही,
और उसकी जी हुजूरी करता है।

अध्याय51

मुझे यहां अपना बनाए कौन,
मुझसे मोहब्बत निभाए कौन।
थक गया मैं सितम सहकर इस ज़माने का,
इस जुल्मी दुनिया से अब मुझे बचाए कौन।
रोता रोता मैं हो गया आधा,
मुझे अब आकर हंसाए कौन।
ज़िद छोड़ दे आशु इन उम्मीदों का,
तू है नादान तुझे समझाए कौन।

अध्याय52

मुझे तुझमें घोल दूं इतना की रूहानी हो जाऊं,
इश्क-ए-प्यास में ऐसी बहुं की रवानी हो जाऊं।
मेरी पुरानी हसीं लौटा दे कोई,
की मैं उसकी दीवानी हो जाऊं।
दरिया हूं मैं बर्फ से निकली हूं,
इतना पिघलूं की सुनामी हो जाऊं।
पीला दे कोई इश्क-ए-जाम,
की मैं इस जहर की आदि हो जाऊं।

अध्याय53

उसे मेरी आवारगी पसंद नही,
मुझे उसकी नाराजगी पसंद है।
कांधे पे वो तिल और माथे पे बिंदी,
मुझे उसकी ये सादगी पसंद है।
हर छोटी बात पे रोने लगती वो,
मुझे उसकी ये नादानगी पसंद है।
मुझे बदलने का ज़िद लिए बैठी वो,
मुझे उसकी ये दीवानगी पसंद है।

अध्याय54

बता तुझपे अब मैं कैसे सितम करूं,
तुझे अपना बनाऊं फिर से गैर करूं।
यही सोचा करूं मैं रात भर,
सुबह उठकर भी दिन ॅदोपहर करूं।
तेरे लिए जो मयस्सर था मैं अक्सर,
क्या अब इस बात का मातम करूं।
फरेब करते है मैं से सारे आशिक इस जहां में,
उल्फत में मेरी जान सबके वफा नही आती।

अध्याय55

मुझसे मत पूछो की वो मेरा क्या कुछ है,
मैं उसका कुछ नही वो मेरा सब कुछ है।
जिंदा तो हूं उसके बिना भी सायद पर,
जिंदगी में बगैर उसके कहां कुछ है।

क्या ढूंढते हो बाजारों में,
यहां दिल बिकते है दिनारों में।
खुद रहते है लोग नकाब के पीछे,
ढूंढते है खामियां औरों के किरदारों में।